당신이 말을 가르쳐 주었다

# 당신이 말을 가르쳐 주었다

김일복 시집

놀북

## 自序

나는 말을 할 줄 모른다
언제는 말을 피해 다닌 적도 있었다

하지만 나는 말에서 쉽게 벗어나지 못했다
말은 자주 나를 불러 세웠다

말을 잃고 싶은 나에게
당신이 말을 가르쳐 주었다

2020년 겨울
김일복

차례

自序

1 \ 오래된 기억들

13  돛단배
14  붉은 손가락
15  北向花
16  I'm Ground
19  디지털 도어록
20  쪽잠
21  각시붓꽃
22  폭망
23  깻잎
24  한식
25  모개 누나
26  하루살이
29  새벽
30  초막
31  동침
32  동이冬離
33  봄 마중

## 2 \ 시간의 평면

37 매미
38 무형의 틀
40 낚시
41 가파도
42 빈병
43 이별
44 갈참나무
46 눈꺼풀
47 효자손
48 죄와 벌
50 달빛 여관
52 자가수정
53 나리분지
56 정월
57 아무렇지도 않게 뻔뻔스럽게
58 장마
59 향수鄕愁

3 \ 당신, 거기 있어줄래요

| | |
|---|---|
| 63 | 괭이밥 꽃 |
| 64 | 봄봄 |
| 65 | 사랑 |
| 66 | 당신, 거기 있어줄래요 |
| 67 | 바람 부는 날 |
| 68 | 아내 |
| 69 | 산딸기 |
| 70 | 카페의 노래 |
| 72 | 경칩 |
| 74 | 바위꽃 |
| 76 | 훈장 |
| 78 | 부처꽃 |
| 79 | 살 놈은 산다 |
| 80 | 어부의 노래 |
| 81 | 바구미 |
| 82 | 월급날 |
| 84 | 별꽃 |

4 \ 불완전을 건너는 일

87 장사꾼
88 유채꽃
90 채송화
91 가짜 뉴스
92 불효
93 연꽃마을
94 복사꽃
96 야자수
97 지금은
98 아지랑이
99 패배
100 잡념
101 축령산
102 연못의 비밀
104 203호실
106 보강천
107 미생
108 자작나무
110 겨울여자

# 1부
오래된 기억들

## 돛단배

노을은 백 년 동안

같은 자리에서

먼 산 중턱까지

그림자로 밀려간다

해안선 끝

산에서 내려온 빛을 따라

아버지는 어부가 되었다

# 붉은 손가락

엄마가 굽은 등으로
새우 껍질을 깐다

목장갑 해지도록 종일 까 봐야
12,000원

저녁 밥상에 12,000원이
따뜻하게 올라온다

고래 같은 입들이 밥상에 달라붙어
엄마의 하루를 순식간에 먹어 치운다

새우 수염에 찔린 단잠이 빨갛게 부어올라
밤새 뒤척인다

내일도 해는 옥도정기처럼 빨갛게 떠오를 것이다

# 北向花

마당에 목련나무 한 그루

할아버지, 할머니
변변한 털목도리 한 번 둘러보지 못하고
살다간 것을
하얀 주먹 열어 보여주는데

나는 봄이면 문맹이 되어
목련나무 맴맴 돌다
시든 편지를 주워 본다

눈부시게 시든
저 오래된 편지들

# I'm Ground

아랫집에 살고 있는 노을네 부부입니다

당신도 소개해 봐

응, 지금 노을네 부부라 했잖여

옆집은 울 엄마 살아유

엄마! 소개 혀 봐

- 나가 뭐 한다냐, 됐다

엄니, 그럼 노래 한곡 해 보셔유

- 노래 못햐, 내가 노래하믄 여그 사람들 다 가버려

나 노래 못하는 거 아는 사람 몇 안 돼야

내 차례인가

지는 아랫집 그 아래에서 사는 도깨비유

총각유 나이는 쉰이 넘었어유

아는 거라고는 농사밖에 몰라유

세상 사람들 다 거짓뿌렁 혀도 땅은 거짓말 안 혀유

울 엄니는 노래 잘혔는디

작년에 돌아가셨어유

어, 누나 차례네
미선이 누나 마이크 얼렁 받어

지는 서울 살다가 3년 전에 여그로 이사 왔슈
근디 참 좋아유
서울에서는 정을 못 느꼈는디
여긴 몇 안 돼도 내 맘 알아주고 술도 먹고
세월이 참 잘 가유
여기서 쭉 살다가 죽을라요

다음유
나여, 지는 이사 온 지 두 달밖에 안되어
아무것도 몰라유
그냥 누나가 여그에 있으니까
여그서 사는 게 낫겠다 싶어서 고향으로 왔슈
누나 나랑 노래 한곡 혀까
제목 뭘로 혀까 저그 있잖어 안동역에서 그거

도깨비 뭐 하냐 음악 틀어야제

## 디지털 도어록

한 사람을 숫자로 읽는다면
너를 읽을 수 있을까?
나를 읽힐 수 있을까?

비밀번호를 누르고 들어간다면
우린 서로를 다 알아낼 수 있을까?

유한 자릿수의 수열로
우리의 마음을 열 수 있을까?

디지털 도어록 덮개가 열려 있는 걸 보니
너의 마음을 열어 보려고 애쓰다 돌아서야 했던
내 청춘의 한 장면을 보는 것 같다

# 쪽잠

쪽잠을 잤다
손이 저려 손가락을 밤새
오므렸다 폈다 반복하다 보니 새벽이다
오른손으로 왼손을 주무르다 보니
아픈 손가락이 따로 있다

어머니에게 난 아픈 손가락이었을 걸 생각하니
가슴이 뻐근해진다

불을 땐 굴뚝 연기 냄새가 그리워졌다
부뚜막은 언제나 따뜻했고
어머니가 있었다

## 각시붓꽃

칠성각 처마 끝
하늘 담은 꽃봉오리
비 먹은 배롱나무 잎 사이
삐죽 내민 붓꽃 하나
떨어지지 않는 눈물이
까닭을 묻지 않고
흙에 닿는다

밭고랑 고랑마다
스며들다 곧추선 너에게
생전의 죄를 고백한다
괘불을 펼치니 새가 날아든다
바람칼이다
칠성각 장독대 깽깽이 풀숲
민달팽이 가던 길 멈춘다

## 폭망

밥 짓는 엄마 몰래 누나 만나러 간다
사그락사그락 청보리밭 사이로 간다
몽실몽실 유채꽃 노랗게 익어가고
발걸음은 하늘을 난다
멀리 누나가 보이는데
질퍽 똥거름을 밟았다
집으로 달려오는데 똥냄새가 자꾸만
앞질러 간다

## 깻잎

하트 모양이니
사랑스럽다
돌기는 예순 개, 환갑나이에 가깝다
간장, 다진 양파, 육수, 고춧가루로
돌기 하나, 만들어지고
쿵쿵, 쿵 마늘 방아 찧으면
돌기 둘, 만들어지고
쫑쫑, 쫑쫑 실파가 잘려
돌기 셋, 만들어졌다
깻잎이 절여지고 있다
그렇게 예순 평생 내어주셨다
환갑이신 어머니 틈으로
나도
깻잎 냄새에 절여져
주름 섞이고
굵은 가장자리에 돌기 달았다

## 한식

엄마가 좋아하는 참외랑
어제 담근 고들빼기김치랑
국화꽃 사들고
엄마한테 다녀와야겠다

아버지가 좋아하던
돼지고기 김치 잔뜩 넣은 비지찌개
설탕 끼얹은 토마토
설탕 둘, 프림 둘, 커피 둘

빨리 깨워야지
막걸리 한 사발 드시라고

## 모개 누나

누굴 닮았을까
다리 밑에서 주워왔다고

할머니는 뭔 소리냐
하나하나 뜯어보면 다 이쁘단다

세상에 안 이쁜 꽃 없다며
내 눈엔 제일 이쁘다고
영글면서 더 이뻐질 거라고 하신다

밤새 울던
모개 누나는 어린 나이에 시집을 갔다
스무 살도 안된 조카딸이 시집가겠다고
빨리 나이 들고 싶다고 졸라댄단다

누나의 꽃밭에는
엄마꽃 닮고 싶은 꽃들이 막 벙그는 중이다

## 하루살이

배추를 담고 있는 야채가게 수영에게
생선 장사 아주머니
그려 내 잘못이여
아무 말도 하지 말걸
나 때문에 지 엄니한테 혼났을 거야
자고 간다던 손자 녀석 한 달째 오지 않는다고
후회하는 듯 말한다
수영이네는 떡마루 집만 쳐다보고 있다

7년 넘도록 아이 소식 없는 떡마루 집 며느리와
아들놈 보며 딸 하나 낳지
알아서 할게요  뭘 알아서 한다는 건지
돈에 환장한 놈
전집 주인은 막걸리만 벌컥벌컥
항상 웃음 가득 찬
정이 할머니는 노상에서 청국장만 30년 팔아
아들 대학까지 보내고 결혼까지 시켰는데

일 년 내내 집에 한번 오지 않는다고
어디다 말도 못 하고 그런 소리 말라고

앞집 참새방앗간 사내와 안식년 휴가 중인
J교수 막걸리 마시며 고스톱 친다
글쎄 서울로 유학 보낸 인철이 아비가
보증 잘못 서서 물에 빠져 죽었다네
남 얘기하지 말고 화투나 쳐
나 났어
3점이여 J교수 피박이네

들기름으로 부친 부침개 고추전 파전
동태전 모둠으로 놓고 종로 전집에
사내들 홍도야 울지 마라 오빠가 있다
아내의 나갈 길을 너는 지켜라
노래하다 주인장 눈치를 본다
뻘쭘한 사내가

인생 별거 아녀
뒤통수 맞거나 먼저 뒤통수를 치거나
둘 중 하나여

어여 술이나 먹어

# 새벽

어둠이 침대를 삼키고
몸은 벽처럼 굳었다
끝없이 반복되는 유영
엉클어지는 잔상
누군가 날 잡으러 오는 걸까
발끝 시리다

허벅지 사이 두 손을 끼고
불규칙한 숨소리
아련하다 여자일까 남자일까
발이 떨어지지 않는다
소리도 나오지 않는다

몸부림을 치는데
따르릉~ 따르릉
순간 잠이 깨졌다

## 초막

굴곡진 땅
슬금슬금 뿌리를 내리고
별별 고비 잘 넘겨
다시 씨앗을 이끌어 내고
갈 곳이 이곳인데
마른풀 불 지피다가
사라졌다

## 동침

모래 산이 꿈틀 댄다
자라는 힘을 내어 모래를 비집고
긴 목으로 한 묶음 숨 쉬고
다시 모래 속으로 숨는다
자라는 쏘가리의 몸짓을 느끼고 있다
나보다 얼마나 덩치 큰 놈일까
쏘가리는 모래의 무게를 느끼고 있다
밤이 되면 어떤 일이 벌어질지 아무도 모른다
새벽이 잔물결에 흔들린다

## 동이冬離

엊그제 첫눈이 내렸는데 집 나간 댕댕이는
오늘도 돌아오지 않았다
빈손으로 나갔는데 밥은 먹고 다니는지
떠나갈 준비를 미리 한 것 같다
보유세를 엄청 올리면 집 살 놈 있을까
아파트 명의를 바꿔야 하는데
나타나야 할 놈이 보이질 않는다
가짜 계약서를 만들더라도 도망가지
않았는데

실종신고라도 해야겠다
오래전 헛간에 갇혀 한 번만
살려달라고 매달렸던 댕댕이
첫눈이 내리자마자
종부세가 인상되었다

## 봄 마중

명자나무
붉은 꼭지 틔우고
늘어진 능수버들
청매화 어제보다
다섯 송이 더 피었네
밤새 뭔 짓을 했는지

마른 잎 소리
싸~아
언 땅은 달싹달싹
주인장 키 작다고
능수버들 늘어지다 멈췄다
요놈 봐라!

# 2부

시간의 평면

## 매미

아기 울음소리가 거칠고 억세다
엄마는 아이를 못 본 체한다
아이는 엄마엄마엄마 긴 소리로 울고 또 운다

새벽닭 울었던 질곡의 시간
어릴 적 수박 한 통을 바라보며
울기만 했던 기억

지붕도 없는 작은 둥지
잠시만 내려놓아도
움켜잡고 엄마엄마엄마
목놓아 울고 또 운다

"짜장면 왔어요"
순식간에 아이가 울음을
그쳤다

## 무형의 틀

철근콘크리트 계단이 무너졌다
100년 된 나무가 잘려나가 밑동만 남았다
화사한 앵두꽃이 부서진 계단을 바라보며
원의 지름을 재고 있다
밑동의 두께는 바람과 바람이
서로 밀어내는 경계다
원의 주름은
그리운 방향으로 기울어져 있다

흔들리지 않으려 온 힘으로 견뎌온
세월이 몸을 잡고 있는 뿌리까지
이어져 있다

알지 못하는 원의 중심에서 멀어지고
한쪽으로 밀려나고 구부러진 채 겹겹이 늘어진 원을
무위로 받아들였다
어느 쪽에서 불어오는지 관심조차 없이 받아들인 건

살아가는 게 별반 다르지 않기 때문이다
생의 굽어진 허리는 한 번도 쉰 적 없이
속도에 따라 정신없이 원을 만들었다
올해는 주름살이 하나 더 늘어났다

밑동은 콘크리트 사이로 빨려 들어갔다

# 낚시

복사꽃 졸졸졸 흘러간다
붕어도 복사꽃 따라서 간다
바람은 붕어를 쫓아서 간다

잘 놀고 있는 애들 잡겠다고
줄에 된장을 매달아 던진다

꽃비 내린다

머위잎 옆에
개폼 잡고 누워 하늘을 본다

통발엔 종일 물만 지나가고
허기진 배에선 꼬르륵 소리만 나고

# 가파도

가파도에 가면
회색 유리 같은 낮은 바다 있다

가파도에 가면
흐드러지게 핀 키 작은 코스모스 있다

가파도에 가면
뜨겁게 그림 그리는 난장이 해바라기 있다

가파도에 가면
보이지 않는 청보리밭에 돌무덤 하나 있다

가파도에 가면
못생긴 술병 하나가 드르렁 드르렁 코를 골며
낮잠을 잔다

# 빈병

화들짝 놀란 빈병이
벙그레 웃으며
달리아 앞에 서 있다
빈병에 차 있는 나는 물이 되어
주는 만큼 적어지지만
창문 너머 슬그머니 달아나
새들과 눈 맞춤을
빈병에 담아둔다
아침이 채워지고 있다

빈병인 나는
물컹한 아침을 삼킨다

## 이별

아지랑이 피어오르고
떨어진 꽃송이 물 따라 흐른다
살랑거리며 유혹해도 꼼짝하지 않는다
나는 산자락 수달래 물길을 피하느라
미처 너를 보지 못했다
별꽃들은 다시
저무는 석양 앞으로 이끈다
사방팔방 마법이 풀렸다
묏버들 고개 들어
윤슬에게 고백한다

다시는 손을 놓지 않겠다고

## 갈참나무


가엾은 자백이 조각조각 이어졌다
몸부림으로 휘어진 허리 사이에 혹이 더덕더덕
가지 잘린 자리에 눈물이 흐르고 있다
별들이 부딪힌 흔적일까
지켜만 봐야 하는 목대가 크기
출렁이는 나뭇잎 사이
폭우가 만들어낸 곡과 피
상수리는 우듬지로 가로 세로 뛰었다
신갈나무는 세로로
산벚나무는 가로로
밋밋하고 도도한
딱지가 두터울수록 안쪽과 바깥쪽 모두 따뜻하다
비옷을 입히고 두터운 양발과 잠바를 둘러 입히고
나는 종잇장처럼 미소를 보내지만
아무 답 없이 골만 깊어간다
가련한 줄기 하나
위로 갈수록 버겁고

아래로는 깊어서 내가 보일까

아프지 말고 뿌리부터 일어나라

## 눈꺼풀

이불이 나를 덮었을 때
기지개와 아픔을 끝낸 후
한 손으로 한쪽 눈을 누르자
가느다란 선이 빛이 되고
손을 떼면 모두 까맣다
숨 고르며 굶다 보면
눈빛에 아주 작은 점들이
서로 밀고 당긴다
벽에 붙어 있던 파리가 날아간다

알몸이었던 나는 이불을 다리 사이에 끼고
새벽 손님과
김치찌개 멸치국수 강아지 숯불
토막 난 기억이 헛것처럼 보이다 만다

반쯤 생각났을 때
몸과 나는 분리되어 다른 자의 눈으로 보고 있다

## 효자손

가을 새벽
귀뚜라미 울고
어깻죽지 아래
늘 같은 자리
긁다 보니
어느새
어린 등 긁어 주시던 어머니 거친 손이
가려운 곳을 긁고 있다

## 죄와 벌

빈 커피잔에 앉아 다리를 떨고 있다
앉거나 눕거나 하면 습관적으로 떤다
심하게 떨다 파리채에 얻어걸리면 뒈진다

더듬이 큰 놈이 파리 잡을 듯
화를 내며
"다리 좀 그만 떨어"
복 달아나
윙윙
복은커녕 떨다 죽겠다
그런 놈이 떠냐
정신 산만해 가만히 좀 있어
변태 같은 놈
이놈은 먹을 때도 똥 싼다
싸면서도 핥아서 잘 먹는다
침샘이 돈다

파리채를 우습게 아는 놈
파리 목숨인데
먹다 죽은 귀신은 때깔도 좋다
백 년은 더 살 거다
떨면서 떨면서
날개를 키운다
푸른 인간이다

## 달빛 여관

뽀얀 살갗 보드랍고
거짓된 한 몸
동백은 남몰래 피고
새벽은 푸르게 열린다

당신만의 사람이라더니
취했거나 흔들렸거나
달래도 보았지만
가지 마라 가지 마라

벌 한 마리
너만 찾아 나르고
작은 가슴에
한아름 담아
긴 겨울 나도록
고백한다

너에게

얼어붙고 싶었다고

## 자가수정

불필요했다
나는 벼稻도 알았다

또 하나가 저장된다
꽃 이름 하나 알았다

시간은 평면이 되었다
은유 한꼭지 배웠다

홀로 밥이 되었다
이렇게 살아있다

## 나리분지

그래도 산다
내는 참말로 살 수 있다카이
개다 개
또박또박 가자 개 길이다
개 잡고 걸하믄 되나
평길만 가자 아우토반 아이다
걸은 여리 갈란다
우리 종일 왔다 갔다 하겠네
종지에 윷이 춤춘다
잔소리 말고 얼렁 던져
윷이다 앗싸아
걸도 좋고
무조건 뺑이다 헤헤헤
무조건 피해뿌라
파이다 마누라 잔소리 듣겠다
저리 가뿐다
어차피 돌아야 한데이

그래도 산다, 돌아버리겠다

한동살이 하고 요놈은 개로 달고

다리 놔줘, 올라타서 연애 한번 하자

던져 옻개 혀봐

뒤비져라 뒤비져라

헤헤 개다

혼자만 살겠다고 지랄한다

모밖에 없다 이제

안 가고 있으니까 잡으러 간다, 형님

섬 일주나 해라

뭔 말씀을 얼른 끝내야 엄니 밥 주러 간다요

자 가보자 돼지 잡으러

빽도냐 도냐

달아나면 잡고

달아나면 잡고

잘 나갔다 마누라

강 사장 밤에 노는 거 하고

낮에 노는 거 하고 다르데이

걸이 장원이다 업혀서 가라

개밖에 더하겠나

아니다 내가 걸 전문이다

대낄여 따로 가야지

잡으러 온나 자 마누라 잡으러 가자

글로 쳐뿔면 다 잡힌다

배 들어오기 전 잡아 여라

웆걸도 괘얀타

까만 게 일등이다

막동이다

네는 두동 남았다


모두가 하루살이다

## 정월

어머니는 보름달이 훤할 때
맷돌을 돌리셨다
아가리에 한숨 한 국자씩 떠 넣으며
맷돌을 돌리며
아버지 안부를 묻는다

새벽 3시면 정안수 떠 놓고
북녘을 향해 천지신명께 빌었다
오뉴월 주먹만 한 우박이
떨어지더라 하시던
할머니가 문득 생각난다

## 아무렇지도 않게 뻔뻔스럽게

빵 하나 놓고 99대 1로
바람의 칼을 뽑아들고
60년을 싸우고 또 싸웠다
때로는 져 주려고 피하기도 하고
모르는 체하기도 했다
어차피 나는 질게 뻔하다
하지만 다 잃어도
도망가지 않는다.
나는 지지 않았다

아무렇지도 않게 뻔뻔스럽다
99대 1은

## 장마

비는 피할 수 있으나
꺾을 수 없다
나만 힘들면 되는데
비를 맞는 일은 참 쉬운 일이다
신장 하나쯤 없어도
사과 하나쯤 남 줘도 티도 나지 않는데
비를 뚫고 나온 햇살이
열매 맺을 자리를 내어준다
어쩌랴
한 푼 없는 나에게는
비 비린내 나는 멜로디다
정돈된 옷들을 가지런히 개어 놓고
날갯짓 하자
하느님의 종소리에 몸이 젖는다

## 향수鄕愁

플라타너스 하나를 빈 가방에 담아
비브라토를 느끼고 싶다
까딱하면 놓칠라
된장과 고추장도 담아 가 본 적 있다
휴대용 우산을 넣어 다닐 때도 있었다
딱 한 번 생각했다
시름시름 앓다가 실려가는 것을

신작로에 비가 내리면
벤치를 훔쳐오고 싶다
혼자서 비장하게
축복을 담을 가방이 필요했다

## 3부
당신, 거기 있어줄래요

## 괭이밥 꽃

우리 집 꽃밭에 괭이밥 꽃 피었다
패랭이 잠든 사이
살랑이는 강아지풀 옆에
찌르레기 나란히
찌르르찌르르 노래 부르고
아무도 모르게
사랑에 빠진
노랗고 하얀 꽃
괭이밥 모아 모아
영롱하게 찍혀
내 마음에 화석이 되었네

## 봄봄

오래된 침대에 누워
창문 밖 삐걱거리는 봄을 봄

조팝나무에 하얗게 올라 앉는
봄을 올려다 봄

덩굴장미 몽오리 벙그는 붉은 봄을 봄

모란이 잠든 동안 미선나무 꽃 시들어가는 것을 봄

회화나무가 물 끌어올리는 소리를 듣는 봄

다시 돌아온다던 너의 약속을 기다리다 지친 봄

# 사랑

하마, 누가 볼까
이 맛을 잊을 수 없다
향기에 취해 헤매고 있을 때
혹시 누가 볼까봐
이 맛으로 충전하곤 한다

로마의 휴일
오드리 헵번의
그 맛을
누구나 한번쯤은 빠져드는
몽롱한 차가운 맛

나뭇잎에 비친 햇살
물빛으로 속삭인다

## 당신, 거기 있어줄래요

내가 아픈 것은 당신 탓이 아니에요
오래 누워있다고 해서
아픈 건 아니에요
그러니 걱정하지 말아요.
밥 먹고 잘 지내세요
언제가 될지 모르지만
금방 나을 겁니다
잊힌 추억이 되기 전에
조금만 당겨주면 좋겠어요.
아니 많이 앞당겨주면 고맙겠어요
그러니 그러니까
낫고 나면 밀린 밥도 사줘야 해요
약 다 먹고 편히 밥 먹을 수 있을 때
밥 사준다는 약속은 꼭 지키세요
당신, 거기 있어줄래요
저에게는 당신이 꿈이니까요

## 바람부는 날

백일홍과 접시꽃 씨앗을 뿌렸다
얇게 흙을 덮어주고 물을 뿌려놓았다
십자군 대열을 이루며 별들의 전쟁을
준비하고 있다
서로 부딪치고 일으켜 세우느라
무던히도 애를 쓴다

이렇게 꽃 한 송이가 핀다

## 아내

외출할 때는 쪽지를 꼭 남겨주세요
밥은 천천히 꼭꼭 씹어 다 드시고
설거진 하지 마세요
옷장에 셔츠 다려 놓았어요
기죽지 마시고 재미있게 놀다 오세요
당신 곁엔 내가 있잖아요

안 좋은 일이 생겨도 웃으며 넘기세요
이젠 그래도 되잖아요

시장에서 동태랑 두부도 사 올게요
당신 곁엔 내가 있잖아요

# 산딸기

지난 오월은 달지도 쓰지도 않았다
좁쌀만 한 이유는 햇살만 안다
햇살을 입에 담기엔 시간이 짧았다
살짝 툭 건드려서
왼손에 두세 개 올려놓으면
눈살 찡긋하다
산딸기 닮은 할머니
누가 누가 따가는지 다 안다

오월을 훔쳐먹은 나는
아무도 모르게 혼자서 붉다

## 카페의 노래


오렌지 모텔에서 나와 풀꽃 카페를 찾는다
겨울 잔비는 보도블록 세 칸 네 칸 적시고
비를 피하려 처마 밑으로 들어간다
하늘을 보니 마냥 내릴 기세다
포기하고 걷는다
노인복지치매센터 앞
우산 쓴 두 여인이 마냥 부럽다

아침을 굶어서인지 걸음은 빨라지고
잔비는 점점 굵어지고
먼 산 꽃봉오리 비를 보고 있다
벤치도 비에 젖어
바람도 앉지 못하고
멀리서 찾아온 손님
빗속에 떠나보낸다

어젯밤 카페에서 들었던 노래

서로에게 기댄 빗줄기는 점점 젖은
시간을 찾는다
이래저래 세 칸 세 칸 걷다 보니
텅 빈 풀꽃 카페 의자만 보인다
제미천 시냇물 잔비에 젖어
도란도란 흘러만 간다

## 경칩

오와 열을 맞춘 철새의 비행
농부는 고무신 씻어 세워 놓는다
눈부신 억새
환삼덩굴에 갇혀서
봄볕에 속삭이고 있다

냇가에 백로 앉으려니
봄까치꽃 덩달아 놀란다
이른 봄
올챙이가 개굴개굴 울었다
이러지 마라
배가 고프다

땅 갈라지고 올라온 꽃들의 소란
흰뺨검둥오리 늦잠까지 자 보지만
잠귀가 밝아서 절대 그냥 갈 놈은 아니다
모래무지든

누치든

참마자든

참종개든 오늘부터 자유다

## 바위꽃

가장자리부터 뜨겁게 나를 만지며
어제의 체온은 몸 중심에서 먹는 일을 할 거야
움직일 수 없는 또 하나의 틈이 네게 올 거야
뜨거울수록 강해져서 올라오지 못할 때면
서풍이 불어와 이끼를 씻어내고 네 안에 홀씨를 심을 거야
새살이 돋아나겠지
그렇게 살다 보면 단비도 내리고 나비와 사랑도
다시 할 수 있겠지
아주 조금씩 마음을 깎아내리는 날에
말라 비틀어져도 고개 숙이지 말고
체온을 잃지 않도록 힘을 내면 가시덤불이 널 지켜줄 거야
바람이 속삭이는 날이면 너를 닮은 바위꽃 앞에서
뜨겁게 포옹하며 같은 곳을 향해 몸집을 키우겠지
늘 그랬던 것처럼 너의 틈 비집고 버둥거리다가
풀과 별과 함께 뿌리로 돌아가야지

단단해질 너를 위해

# 훈장

태어나서 한 번도 받아 보지 못한 상을
이제야 상 받는다
그 흔한 개근상 하나도 받아보지 못한 나
언제부터 상복 터졌다

알콜성 지방간
역류성 식도염
고지혈증
위장장애
상장엔 관심 없다

2년쯤 지나서
더 큰 상을 받았다
심장부동맥
손목터널증후군
골다공증
덤으로 전립선염까지

따질 것 없이

상복이 터졌다

## 부처꽃

새털 같은 몸
타감他感 견뎌
뿌리 내리고
허겁지겁 옆구리 터져
당당히 곧추선 채
하얀 부처 모습으로
팽팽하게 빛나는 줄기의 꽃

산그늘 아래
더디면서 온전히 자라
여름을 홀린
자비롭고 눈부신 꽃
화려한 네 앞에
몸을 뒤집고 싶다

## 살 놈은 산다

쌓아 놓은 벽돌 위
바퀴벌레 한 마리 기어 다니다
바닥으로 떨어졌다
한 번 뒤집더니
빠른 속도로 기어간다
ㄱ.ㄴ.ㄷ.ㄹ.ㅁ으로
직진하는가 싶더니
비틀비틀 뒤집어졌다가
일어나 또 기어간다
하늘에서 떨어져도 살 놈이다
자갈 사이에
순간 모습을 감춘다
짜릿하다
놓치고 말았다

## 어부의 노래

고기잡이 배가 항구에 도착하자

아낙네들 웃음꽃 바다에 활짝 핀다

널빤지와 하꼬짝은 둥실둥실

심장은 두근두근

하꼬짝과 하꼬짝 사이

끼어있는 몇 마리 생선

먹이를 노리는 놈은 신났다

시장에서 만나면 뼈도 못 추릴 텐데

그놈 잡으려 삼촌은 이빨이 빠지도록

술타령이다

그 중 몇 놈은 할아버지 막걸리 값이 되고

바다로 나간 아버지는

바다가 되어 돌아오지 않았고

할머니는 생선 장사를 접었다

# 바구미

이놈이 살겠다고
까끌까끌한 혀로 조금씩 떼어먹기만
했다는데
밤마다 조금씩 아주 조금씩
갉아먹고
바람 불면 또다시
거친 혀로 핥아먹었다

두텁게 생긴 놈은 먹지도 않고
뼈만 남겨 놓았지
흔적 없이 사라지는 나

할아버지는 새벽마다
고녀석의 움직임을 지켜보았다

## 월급날

종종걸음으로 참새 집을 찾아갔다
천 원짜리 몇 장을 꺼내고 노란 봉투를 주시며
내 머리를 쓰다듬어 주셨다
널브러져 있는 막걸리 병은 아버지의 몸처럼
휘어졌다
채송화처럼 내 몸 붉어져
대낮에도 낙조를 보았다

홍도야 우지 마라
홍도야 우지 마라
자전거 넘어지는 소리
샘에서 부축해 오니
대문 발로 차신다
아들은 양발을 벗겼다
눈 감았다 다시 뜨는 척하다가
내가 아들 셋이여
술 냄새는 천정에 도배를 한다

아궁이에서 군불을 때고 계신 어머니에게
수제비 끓여 달라고 큰소리치셨다
한 마디 말없이 밀가루 반죽하는 사이
코 골면서 주무셨다
한 줌 한 줌
찬바람 견디는 울 엄마

## 별꽃

예고 없이 돌아가 버린 그리움은
중증으로 남아
너의 하얀 별이 된 눈을
바라본 기억이 가슴에서 지워지지
않는다

어디에 있어도
바람이 세상이듯
늘 내 옆에 기도하는 마음으로
깊숙한 바다 건너 푸른 하늘에 별이 되고
우리 그렇게 만나 저 별 사이에
꽃으로 마주하고 있다

어디에서도 꽃 피우는
너는 잡초가 아니다
너는 가장 아름다운 별꽃이다

**4부**

불완전을 건너는 일

## 장사꾼

떨이요 떨이
싱싱하고 맛있는 수박이 삼천 원
오늘만 삼천 원 삼천 원
얼른 가보니 먹을만한 놈은 만 원이다

귤도 좋아요
제주 효돈 알도 딱 좋아
한 박스에 만 원
아침에는 만 오천 원 받던 거란다
이천 원 깎아서 샀는데
반은 썩어 있다

은행에서 대출을 해 준다기에 갔더니
보험이나 적금을 들어야 한다네

돌아서서 나오다가 앞차를 박았다
주먹이 운다

## 유채꽃

노랗게 익어 갈 때쯤이면
너는 더 크게 올라가겠지
그래서 하늘을 보고 흔들어 대겠지
흐드러지게 핀 너의 품에
자갈자갈대던 추억이 새록새록
눈물이 난다
모진 바람이 그래서 세게 불었나 보다
사그락사그락 청보리 사이로 다녔던
겨우내 굶주렸던 소리
꼬랑꼬랑한 냄새도 달보드레하다
가지런한 밭고랑 비닐집에 덮여
살랑살랑 움트려 세상 밖에 나왔다
노랗게 황금색으로
부엌에서 밥 짓는 엄마 몰래 누나 만나러
청보리밭 간다
보리밭 사이 도망치다 똥거름 밟아
다시 돌아올 때쯤

동네 어귀 꼬랑꼬랑한 냄새
날 반기고 있다

# 채송화

장마가 온 지 닷새가 지났다
찢어진 커튼 사이
살랑거리는 차광막 안
꽃송이 보인다
장마 시름에 우산 쓰고
하수구 맨홀 틈에서
분홍이 비에 젖는다

자동차 바퀴에
밟힐까 뒤척이고
한 몸에 피어난 두 송이
온전히 드러내는
붉은 몸
기적으로 살아가는
너에게
나는 오늘 우산이 된다

## 가짜 뉴스

잘 먹지 않는 버릇이 생겼다
막걸리만 찾았다
노가리를 물고문 했다
함부로 말하는 새 대가리나
혼자 살겠다고 입 벌리고 기어 나오는
노가리 새끼나
작당하고 뒤통수치는 놈을
물만 먹였더니 불어 터졌다
너덜너덜해졌다
안줏거리도 못 되는 작자들
모두 하루살이다

## 불효

그해 여름, 얇은 비닐과 이불 쪼가리로
싸맨 좌판대에서 어머니는
일회용 장갑을 낀 채 긴 하루를 팔고 계셨다
폭염에 비지땀으로 목욕을 하고
줄에 매달아 놓은 수건으로 연신 닦아도
손바닥만 한 차광막으로는 불볕을 피할 수 없었다
아니, 조금도 피해지지 않았다

시금치, 양파, 대파, 감자, 마늘, 청국장,
나부랭이들은 그늘에서도 쉽게 시들어 갔다

## 연꽃마을

주봉리 연꽃마을 비는 내리고
숨소리조차 오락가락하는데

빗소리가
하늘과 땅 사이 통로를 열어 놓았다

맹인은 연꽃 속에 앉아
허공에 자비를 베푼다

## 복사꽃


바람 따라 걷는 걸음 망치로 탱탱탱
벙어리 삼신 같은 아저씨는 삐죽 고개 내밀며
터지는 웃음에 어쩔 줄 모르네
잽싸게 커피를 내주다 엎어진 구두통

워째 쉬는 날도 없어 일만 하는 거여
데이또는 안 하는 겨
수줍은 듯 빙그레 웃는 아가씨
바빠요
얼른 굽창 갈아 주세요

반달 쇠징 뒷굽은 뜯겨나가고
닳은 굽을 새것으로 갈아붙이고 두드린다
엄니는 건강하시지
바빠요
점심시간 얼마 안 남았어요

동동거리는 여직원 얼굴에

날씨마저 수선된 듯 화사하다

## 야자수

껍질만 버려졌다
그 안에 하얀 달 담겼다
오래 전부터 버려져 쌓인 곳
이끼처럼 돌보지 못했다
한쪽 벽에 묶인 뻣뻣한 몸
버려진 껍질에 담긴 모래 알갱이
먼지가 되어
붉은 해변으로 날아갔다
단단해진 하얀 달
허기진 아이의 물줄기가 되고
점점 커지는 심장 소리는 겹겹이 불어오는
바람이 되었다
부딪히고 부딪혀서
해안선 가까이쯤 왔을 때 껍질만 내뱉는다
모래 위 엄청나게 쌓였다
껍질 속에 싹이 자라고 있다
하얀 달은 바다에 앉았다

## 지금은

깡마른 비가 밀물처럼 몰려왔다
윙윙 돌아가던 기계는 멈춘 지 오래다
돌고 돌아 돈도 많이 벌고 고생했다
비가 그린 그림은 낯설지만
고무신에 치이고 밟혀도
화선지는 찢기지 않는다
발등에 스치며 지나가면
하늘은 땅따먹기 좋은 날씨다
온전히 물들어버린 구름
여기저기 붙은 빨간 딱지는 심장에서
잠시 울다 떠날 거다
지난해 보낸 편지가 되돌아왔다
쓰디쓰다

# 아지랑이

메마른 틈 잔뜩 긴장하고
나를 보더니 벌써 머리 숙인다
겨울을 보낸 너는 들썩들썩 대다가
솜털과 군더더기까지 허공에 보이다
사라졌다
산 밑 물가에 피어오르는
서로 다른 기억과 고르지 않는 숨소리까지
무거워 녹아버린 땅속

온 산을 사들여 봄을 심었다
나비가 사뿐하게 날아
잎 푸르고 붉게 드리운 날
헛되고 헛것이 아니므로
사라지지 않은 기억의 꽃이다

## 패배

모기가 귓전에 윙윙거려
귀싸대기 한방 날렸다
손바닥이 허전하다 못해 아프다
또 오기만 기다린다
움직이는 속도를 계산하며
숨죽이는 찰나
이때다!
따닥 비껴치기로 귀싸대기
두 방 날렸다
손바닥에 느낌이 없다
아파 뒈지겠다

누가 누굴 잡을 건지

## 잡념

오거리 순대 국밥에는 간이 들어있고
육거리 순대 국밥에는 간이 없다
오거리 순대집 사장은 남자다
육거리 순대집 사장은 여자다
비오는 날엔 초저녁에 문 닫는다
순대국밥에는 간도 있고
간姦이 있고 간肝에는
간間이 있다
쓴맛, 단맛, 신맛, 짠맛에 매운맛은
간間에 있다
간間과 간肝은
간간하다
간은 1,818,1818밀리미터다

# 축령산

볼기짝에 파란 점
열리고 닫힌다
저 아우성 되돌아오는데
백 년은 걸렸을 듯
더는 외롭지 않겠다
친구들도 알맞게 반듯하다
편백의 빽빽한 봉우리 사이
나무는 정직한 하늘길이다

생채기는 미안할 일 아니다
깔딱 고개 넘어야 볼 수 있는 구상나무
길을 만든 건 네가 한 일이겠고
편백의 향기에 취해 머물고 싶은 건
우리의 욕심이겠다
파란 하늘이 완만하게
널어져 있어 좋은 날이다

## 연못의 비밀

갖은 몸짓으로 꼬리를 치며
눈빛 하나에 입을 열고 다무는

오손도손
햇살 골라 먹은 후
돌 틈으로 숨어버린 붕어들
내 눈도 따라 들어갔다

둥둥 떠 있는 떡갈나무 잎
가을 소식을 알려 줄 것같이
손 내밀어 나오기만 기다리고
표정 하나 없이 물속 살피다
함께 하자던 약속 져버리고
홀로 떠나갔다

지난 흔적이라도 알려고
친구랑 연꽃에 앉은 잠자리

햇살 비치듯 날갯짓하며
비밀의 열쇠를 찾는다
배가 고프다, 나는

비밀의 문, 알려줄 리 없다

# 203호실

숨과 숨이 마주 할 때
가슴에 쉬는 숨을 바라보지 못하면
되살아나지 못했겠지
우리는 병원에서 외롭다고 말하잖아
의미가 없어
머리만 두어 번 끄덕했지
어제 203호실에
호흡기 달아 놓았지
새가 보고 싶다고
새한테 죽었냐 살았냐 묻는 거야
이불 덮고 헛소리까지
누군가 잡아당기는 것 같아
발 들어 올려 보려는데
누가 묶어 놓았는지 움직일 수 없었어
한 자락 숨 꼭 참고 스르륵 풀다가
다시 숨 잡고 스르륵 놓으려 할 때
숨은 시간을 뺏어내 세게 날 다시 잡았지

통…증…

물어보고 싶어

시간보다 더 아픈 거냐고

가끔이라도 눈 뜨면 네 안에 나를 보고 있어

그러다 보면 네 말이 들리거든

단 하루만 숨 속으로 다시 들어가고 싶어

## 보강천

바람 날리자 수초가
거꾸로 흔들어댄다
하얀 속살 부풀어
물 위 둥둥 떠다니는 수초의 기둥은
선명한 불꽃이다
붉은 씨앗은 이파리가 되고
몸이 되는 순간
평평해진다

줄지어 물수제비뜨는 사람들
방향 없이 돌을 던진다
통통 몇 번 튕겨 나가다가 만다

너와 내가 수없이 던진 돌은
물속에서도 자라고 있겠지

## 미생

입을 크게 벌려 입을 크게
더 찢어지게, 하늘을 보고 공기를 마셔봐
먼지 밑바닥이 어디까지인지 빨아봐
가슴을 열고 숨이 끊어질 듯한 호흡으로
차디찬 바람을 심장에 넣어
노래를 불러봐
누구에도 녹지 않는 공기를
눈으로 마셔봐
둥둥둥 떠다니는 소리를 들어봐
바람 소리야
밀물이 되어 오고
썰물이 되어 가는
바닷소리를 달달하게 마셔봐

깨끗하고 가볍게
내 몸으로 들어오고 있잖아

## 자작나무

심장이 뜨끔뜨끔 쿡쿡 찌르듯
아픈 새벽은 자작나무에 앉지 못하고
늘 벗겨지고 또 벗겨졌다
보일 듯한 하얀 솜털은
저토록 날아 어디에 앉을까
한 평생을 여러 색으로 살아오지 않았던가
누구의 이름이 기억되면 무엇하랴
이름이 없으면 또 어떠랴
솜털처럼 훨훨 날아가는 세상이면 되는 걸
솔솔 부는 바람 틈으로 또 하나의 색을 입힌 시간들
베갯잇 사이로 찬 바람 들 때 솜털 뒤척이는 소리가 들린다
땅에서 하늘까지
베갯잇에 젖은 얼룩진 세월
산 아래 손님 오시는 날이면
비가 와도

베갯잇 벗겨내어 빨래를 하셨다
한 뼘쯤 더 클 내일을 위해
언제나 옷을 벗는 나는 누구인가 싶다

## 겨울 여자

내게 두 번 왔다 갔다
한 번은 뜨겁게
한 번은 가볍게
10년 전만 해도
내 마음에 소복하게 쌓여주었지
눈을 떠 보니 성급하게 떠난 후였지
이른 봄 새순 나올 거나
알갱이 하나하나 보이다 만다
내려오다 녹아버린 알갱이
방긋 웃으며 꽃이 되었다
며칠 뒤 향기로 내게 다가와
대관령 선자령에 올라
엄마품에 눈 녹듯
비탈길에 오랜 기억으로
너도 나도 하얗게
아스라이 나뭇가지에 앉았다

**당신이 말을 가르쳐 주었다**

초판 1쇄 인쇄 2020년 12월 5일

초판 1쇄 발행 2020년 12월 10일

**지 은 이** 김일복

**발 행 인** 방수영

**편　　집** 방수영·김은영

**펴 낸 곳** 도서출판 놀북

**출판등록** 107-38-01604

**편 집 실** 청주시 흥덕구 월명로 236번길 106-12

**전　　화** 010-2506-5300

**전자우편** paper808@naver.com

**ISBN** 979-11-968607-5-2(03810)

값 10,000원

· 이 도서의 국립중앙도서관 출판예정도서목록(CIP)은 서지정보유통지원시스템 홈페이지(http://seoji.nl.go.kr)와 국가자료종합목록 구축시스템(http://kolis-net.nl.go.kr)에서 이용하실 수 있습니다. (CIP 제어번호 : CIP2020050473)

· 저작권법에 의해 보호를 받는 저작물이므로 저자와 출판사의 동의 없이 내용의 일부를 인용하거나 발췌하는 것을 금합니다. 또 파손된 책은 구입처에서 교환해 드립니다.